AF330611

BALLOTS

POLITIQUES

ADRESSÉS AU PEUPLE,

AVEC LA FACTURE,

PAR UN FABRICANT FRANÇAIS,

AUTEUR

DE LA REVUE POLITIQUE EN 1817.

PREMIER BALLOT.

PARIS,

Chez F. SCHERFF, Libraire, place du Louvre, N°. 12;

DELAUNAY, Libraire, Palais-Royal.

1818.

IMPRIMERIE DE DOUBLET, rue Cît-le-Cœur, N.° 7.

OUVRAGES NOUVEAUX

Qui se trouvent chez le même Libraire.

Chansonnier de Casimir Ménestrier, Convive des Soupers de Momus, in-8°., avec figures, cul-de-lampes, d'après les dessins de M. Chasselas, gravé par Couché fils.

Réflexions sur le procès de M. J. Esneaux, poursuivi par le Ministère public comme auteur d'une brochure intitulée : *Réflexions sur le procès de M. A. C. Scheffer, aussi poursuivi par le Ministère public,* pour une brochure intitulée : *De l'État de la liberté en France,* par F. DE COMBEROUSSE, in-8°.

Frédéric, ou *les Fripons triompheront-ils ?* 2 vol. in-12.

Hélène, par Mme. Hoflant, auteur de *Ludovico,* et de plusieurs autres ouvrages pour la Jeunesse, traduit de l'anglais, 1 vol. in-12, avec fig.

Encore un Concordat, notes rapides sur les articles d'une loi proposée pour l'enregistrement et la publication d'un nouveau Concordat, par le général AUGUSTE JUBÉ, in-8°., *deuxième édition.*

Tableau moral, philosophique et critique de Londres, en 1816; par MM. ALL EARS et ALL EYES, 2 vol. in-8°.

Considérations sur l'existence civile et politique des Israélites, suivies de quelques idées sur l'ouvrage de M. BAIL, qui a pour titre : *Des Juifs au dix-neuvième siècle,* et de trois Lettres de M. DE COLOGNA, grand rabbin du Consistoire israélite de Paris, in-8°., *huitième édition.*

SOUS PRESSE.

Histoire de l'insurrection des esclaves dans le nord de Saint-Domingue; par ANTOINE MÉTRAL, de Bordeaux.

BALLOTS

POLITIQUES

ADRESSÉS AU PEUPLE,

AVEC LA FACTURE,

PAR UN FABRICANT FRANÇAIS,

AUTEUR

DE LA REVUE POLITIQUE EN 1817.

~~~~~~~~~~~~~~~~~~~~

I.er BALLOT.

~~~~~~~~~~~~~~~~~~~~

A PARIS,

Chez F. SCHERFF, Libraire, place du Louvre, N°. 12;
DELAUNAY, Libraire, Palais-Royal.

1818.

PRÉFACE.

<hr>

L'AUTEUR ET LE CONDUCTEUR DE DILIGENCE.

L'AUTEUR.

Eh! conducteur, y a-t-il encore de la place sur votre impériale?

LE CONDUCTEUR.

Ma foi, monsieur, c'est tout au plus.

L'AUTEUR.

Il ne faut qu'un petit coin pour mon ballot.

LE CONDUCTEUR.

Savez-vous que vous arrivez à tems; j'allais attacher la dernière courroie, et dire : fouette postillon.

L'AUTEUR.

C'est fort heureux.

LE CONDUCTEUR.

Ah! ça, dites-moi donc, vous qui arrivez comme mars en carême, il n'y a point de marchandises anglaises dans votre ballot?

L'AUTEUR.

Fi donc, pour qui me prenez-vous ! je ne tiens que des articles nationaux.

LE CONDUCTEUR.

Avez-vous mis l'adresse sur l'enveloppe ?

L'AUTEUR.

Certainement. AU PEUPLE, en gros caractères.

LE CONDUCTEUR.

Où demeure ce particulier ?

L'AUTEUR.

Partout.

LE CONDUCTEUR.

C'est facile à trouver.

L'AUTEUR.

Voulez-vous vous charger, en outre, de ces paquets, à l'adresse de plusieurs grands personnages ?

LE CONDUCTEUR.

Perdez-vous la tête ? ils demeurent à Paris.

L'AUTEUR.

C'est juste. Bon voyage.

LE CONDUCTEUR.

Ha ! hé ! postillon, en route.

BALLOTS POLITIQUES.

CHAPITRE PREMIER.

LES MÉDECINS POLITIQUES.

On a souvent comparé les états éprouvés par de longs malheurs, à des individus dangereusement malades.

Pour rendre la santé à la France, quelques Médecins politiques, autrement dits hommes d'état, d'accord entre eux sur la violence du remède, ne s'entendirent pas sur l'espèce; une moitié pencha pour les évacuations rapides, au moyen des échafauds permanens; l'autre moitié pour les évacuations plus lentes, au moyen des exils et des épurations.

Quelques autres, dignes de toute la confiance du Souverain, furent pour la médecine expectante, et s'en remirent au tems, du soin de guérir toutes les plaies : leur consultation ne fut pas longue; c'est toujours de bonne augure pour le malade : ils s'entendirent facilement, parce que la vérité est une. Les premiers différèrent d'opinion dans les détails, parce qu'il y a plusieurs manières d'errer.

Mais n'ayant pu obtenir l'ordre d'affaiblir la France par des saignées abondantes; ils se sont rejetés sur la diète; c'est pour cela que nous leur avons entendu dire : que les peuples malades, qui sortent d'une crise douloureuse et terrible, ont besoin d'un régime proportionné à la faiblesse de leur estomac; que des alimens trop substanciels leur redonneraient la fièvre révolutionnaire; qu'il est de toute nécessité qu'ils aient une longue convalescence.

Quelquefois n'empruntant plus à l'art d'Hippocrate les comparaisons insidieuses avec lesquelles on épouvante les petites imaginations, on nous fait l'honneur de nous assimiler au jeune enfant qui tomberait vingt fois par jour sans ses lisières. Oui, sans doute, nous tomberions; mais nous apprendrions plus vite à marcher. On prétend que la fermeté et l'assurance, fruits ordinaires de l'exercice, se développent chez nous comme par inspiration. On réserve à notre âge mûr le droit de faire usage de nos forces; mais ces forces, où les aurons-nous acquises? Dans les lisières et les langes...... Ah! si l'on en croyait ces esprits timorés et perfides, ce n'est qu'à notre caducité seule qu'on ferait l'inutile présent de la liberté.

Nous sommes forts et vigoureux, quoiqu'en disent ceux qui ont intérêt à nous faire passer pour faibles ; mais s'il n'y avait plus d'états malades, que deviendraient les MÉDECINS POLITIQUES !

Nous avons été éprouvés par la fortune ; il nous faut la liberté, en dédommagement de nos grands désastres ; il y aurait autant de cruauté que d'imprudence à nous faire passer, des nobles théories de la gloire, à la pratique dégoûtante de l'esclavage.

Quelle que soit cette gloire, quel qu'en puisse être le motif, qu'on la traite de brillante chimère, elle nous tenait lieu des premiers biens, puisqu'elle nous faisait oublier que nous pouvions être libres. Elle a disparu ; il faut que les premiers biens reviennent. Nous sommes Français, et l'on sait quels furent toujours pour nous les premiers biens !

Que la presse ne connaisse plus d'entraves, Les pensées d'une grande nation ne peuvent être dangereuses que pour ses ennemis (1).

---

(1) Il paraît que les ministres en ont jugé autrement.

CHAPITRE II.

LES DANSES POLITIQUES,

ou

LES BACCHANALES DE L'ESPRIT DE PARTI.

JE faisais ma revue politique dans Paris : après avoir parcouru différens marchés, où j'avais appris que les *bons Chrétiens* étaient rares cette année, et que *les Anglais* étaient si communs qu'on les criait à deux liards, j'arrive aux Tuileries par le Pont-Royal, je tourne à gauche, et je me trouve sur la terrasse du bord de l'eau.

Je rêvais aux articles qui devaient entrer dans le premier ballot de marchandises que j'adressais au Peuple, lorsque je me trouvai inopinément en face d'un vieillard vénérable qui tenait par la main une jeune fille de quinze ou seize ans. Le mouvement qu'il fit pour me laisser passer provoqua mon attention : je fus tellement frappé de la dignité empreinte dans tous ses traits, et des grâces naïves de la jeune personne, que je ne pus résister à la curiosité de les suivre. Ils vinrent s'asseoir sur un banc, en face des parterres qui bordent le château. Je me tins à quelque distance, le corps appuyé contre le piedestal du Laocoon ; je me recueillis pour mieux écouter, et j'entendis la conversation suivante :

LE VIEILLARD.

Oui c'est bien là.... c'est à cette place..... tiens regarde, ma fille.

LA JEUNE FILLE.

Ah ! mondieu, mon grand-papa, comme on a dû gâter ces plates-bandes où je vois aujour-d'hui de si belles fleurs !

LE VIÉILLARD.

L'esprit de parti gâte tout, ma fille ; on est fort heureux quand il ne foule aux pieds que des fleurs, un seul printems répare ses ravages ; mais il se signale trop souvent par des massa-cres et des proscriptions. Sa rage oublie com-bien il faut de tems et de peine pour élever des hommes !

C'est là, te dis-je, que j'ai vu des femmes, qui se disaient françaises, danser en rond, et pros-tituer leurs mains à des laquais....... à des Cosaques !

Les canons qui avaient balayé nos braves

étaient encore braqués sur le peuple, les mêches étaient allumées, et ces femmes, qu'on eût accueillies avec transport dans les anciennes bacchanales, dansaient devant les croisées du Souverain, qui se retirait d'indignation au fond de son appartement, pour n'être point témoin d'une joie bizarre, qui insultait au malheur de la nation.

Et de quoi étaient-ils donc joyeux ces êtres dégradés! De ce que l'honneur national avili descendait à leur portée.

J'ai vu les étrangers eux-mêmes, étonnés de ces réjouissances, douter un instant de leur victoire, soupçonner des piéges cachés, et craindre d'être engloutis sous les débris d'un nouveau Kremlin.

S'ils ont jugé la nation aux Tuileries, ah! ma fille, qu'ils doivent la mépriser!

LA JEUNE FILLE.

Mon grand-papa, les femmes qui dansaient n'étaient peut-être que des femmes de chambre.

LE VIEILLARD.

Les femmes qui dansaient avaient trente-deux quartiers de noblesse! Elles comptaient sans doute au nombre de leurs aïeux des héros qui défendirent leur patrie contre les invasions de l'étranger. Que n'ont-elles médité leur histoire! Au lieu de se montrer les émules des plus vils saltimbanques, elles se seraient jugées dignes d'imiter les prodiges des femmes de Beauvais.

LA JEUNE FILLE.

Mon grand-papa, on dit que la danse est une passion irrésistible. Elles sont peut-être plus inconséquentes que coupables.

LE VIEILLARD.

Eh! mon enfant, crois-tu donc que c'est pour le plaisir de la danse qu'elles sont venues se donner en spectacle à l'Europe? C'était la vengeance qui respirait dans toutes leurs attitudes. L'amour du Roi n'était qu'un prétexte. Elles préludaient par des danses aux plus affreuses réactions. Leur esprit cruel, profondément recueilli pendant l'agitation de leur corps, au milieu de ces dégoûtantes bacchanales, rêvait la calomnie et la dénonciation.

LA JEUNE FILLE.

Ah! les vilaines femmes! mon grand-papa, vous me faites frémir!

LE VIEILLARD.

Bien, ma fille. C'est là le sentiment que je veux t'inspirer.

LA JEUNE FILLE.

Ces méchantes femmes ne doivent pas aimer leurs enfans?

LE VIEILLARD.

Elles auraient eu des fils massacrés à Waterloo, qu'aucune larme n'eût mouillé leur paupière.

LA JEUNE FILLE.

Mais, mon grand-papa, permettez-moi de vous dire que les Lacédémoniennes ne pleuraient point leurs enfans morts au champ d'honneur.

LE VIEILLARD.

La sensibilité des Lacédémoniennes était comprimée par l'amour de la patrie, toujours grand, toujours désintéressé. Celle des femmes que je viens de te signaler eût été étouffée par l'esprit de parti, monstre ambitieux qui se dévore lui-même quand il manque d'alimens.

Deux actions peuvent avoir l'air de se ressembler; les causes qui les font naître mettent entre elles une énorme différence; ainsi tel acte de bienfaisance qui est généralement regardé comme le résultat des inspirations de la vertu, n'appartient souvent qu'aux honteux calculs du vice qui spécule sur notre admiration.

LA JEUNE FILLE.

C'est juste, grand-papa. Je retire ma citation des Lacédémoniennes.

LE VIEILLARD.

Toutes les années, ô ma fille, nous vien-drons nous asseoir sur ce même banc. Ma juste indignation te retracera les mêmes tableaux; l'horreur qu'ils inspirent te garantiront à jamais des fureurs de l'esprit de parti, et tu grandiras, heureuse, dans l'amour de la patrie.

LA JEUNE FILLE.

Ne parlons plus de la patrie; elle vous fait toujours verser des larmes.

LE VIEILLARD.

Je l'aimai sous Louis XV, sous Louis XVI, sous Robespierre et Marat, sous le Directoire, sous Buonaparte; je l'aime encore sous Louis XVIII.

La patrie n'est point pour moi un être passager qui se targue d'une couronne, qui s'énorgueillit d'un sceptre, et dont souvent toute la science consiste à dire *je le veux*. Ma patrie à moi est indépendante du flux et du reflux de l'usurpation et de la légitimité. Ma patrie est celle du sauvage qui préfère son rocher infécond à la fertilité d’une terre étrangère.

Je sais que l’orgueil et l’ambition se sont créés des *patries* moins difficiles à servir, et plus promptes à la récompense ; *patries* que flatte la soumission, que fait sourire la bassesse ; *patries* qu’on approche à force de turpitudes ; *patries* qui commandent l’invasion, la spoliation et le meurtre.... Pour peu qu’un courtisan vive long-tems, il aura enterré un certain nombre de *ces patries*.

La mienne me survivra, et cependant j’ai presque un siècle. Me survivra-t-elle heureuse ? Cette incertitude est le seul sentiment qui m’affligera quand je descendrai au tombeau.

LA JEUNE FILLE.

Encore une larme ! Ah ! mon grand-papa, votre patrie vous fait bien du mal !

LE VIEILLARD.

Tu te trompes, ma fille ; c’est l’amour que j’ai pour elle qui me fait vivre si long-tems.

LA JEUNE FILLE.

Mon grand-papa, maintenant je ne danserai de ma vie.

LE VIEILLARD.

Pourquoi cela, mon enfant ?

LA JEUNE FILLE.

Je croirais toujours tenir par la main ou des laquais ou des cosaques.

LE VIEILLARD.

Point d'exagération, ma fille. Parce qu'on a abusé d'un art d'agrément pour lui faire exprimer autre chose qu'une gaîté innocente, ce n'est pas une raison pour le proscrire.... Tu te priverais d'ailleurs du plaisir de danser avec un vainqueur d'Autzterlitz ou d'Jéna, le jour où l'étranger quittera nos places fortes.

A peine achevait-il cette dernière phrase que des cris de *vive le Roi !* se font entendre ; Louis XVIII s'était montré à l'une de ses croisées. Le vieillard se retourne et mêle à ces acclamations le cri de *vive la Patrie !*

CHAPITRE III.

LES POËTES POLITIQUES.

DIALOGUE.

ILS avaient bien dîné. Ils ne sont plus ces tems où les poëtes, qui se consacraient à châtier les ridicules, succombaient eux-mêmes sous le ridicule de la pauvreté.

Aujourd'hui on gagne des maisons de campagne à faire des mélodrames, on achète de solides rentes sur l'état avec le produit des plus légers vaudevilles. Autrefois les poëtes avaient besoin de faire la cour aux financiers ; aujourd'hui ils sont tout ensemble poëtes et financiers. Vive l'argent ! vive la gloire ! En fait de lauriers, on est parvenu à se convaincre que rien n'était au-desssus des lauriers d'or !

Le poëte Simon, que la gloire avait enrichi, venait de traiter splendidement le poëte Figé, poëte de l'ancien régime, passablement ridicule, pourtant sans être pauvre. Après le dessert, avant le café, tous deux s'étant retirés dans l'embrasure d'une croisée, tinrent, à quelques mots près, la conversation suivante :

FIGE.

Dites-moi donc, mon cher ami, pourquoi je baisse tous les jours dans l'opinion publique?

SIMON.

D'abord, mon cher Figé, est il constant que vous baissez?

FIGÉ.

Sensiblement, mon cher ami, sensiblement; pourtant mes vers sont toujours comme de coutume. L'azur des cieux, dont je me sers, est pourtant toujours aussi pur; le murmure des ruisseaux est tout aussi flatteur; le gazouillement de mes oiseaux tout aussi harmonieux. Il n'y a pas jusqu'aux yeux de ma Chloé, qui ne soient aussi brillans.... et ses rigueurs, mon cher ami, et ses rigueurs!.... Elle est encore plus cruelle que lorsque je la vis pour la première fois, il y a quarante ans.

SIMON.

Ainsi, rien n'est changé dans votre manière d'écrire?

FIGÉ.

Les amis qui applaudirent à mes premiers essais, disent qu'elle s'est conservée dans toute son *éroticité*.

SIMON.

Ainsi, vous avez pour juges toujours les mêmes amis?

FIGÉ.

Tous anciens, comme moi, excepté vous qui êtes mon nouvel ami.

SIMON.

Eh bien ! votre *nouvel ami* aura la franchise de vous dire que nous vivons dans un nouveau tems, que le goût, que les hommes sentent mieux qu'ils ne définissent, subit d'espace en espace d'étranges révolutions. En voulez-vous preuve sur preuve ? Boucher ne fut-il pas premier peintre du Roi ? et le poëte Dorat n'eut-il pas, dans les salons, une vogue qui tenait presque de la fureur ?

Votre malheur, mon cher ami, vient de ce que vous avez, pour ainsi dire, un pied sur une petite génération et l'autre pied sur une grande : vous portez à faux. Pourquoi votre vie se compose-t-elle de la fin d'une époque et du commencement d'une autre ? Croyez-vous que Franconi réussirait s'il voulait exécuter *la voltige* sur deux chevaux de tailles et d'allures inégales ? Mais pour vous parler sans figure, puis-

que vous avez le bon esprit de vouloir être
éclairé, je vous dirai que votre système de
poésie n'est plus en rapport avec les idées du
siècle. En littérature il existe des préjugés comme
en politique. Vous tenez à *l'azur des cieux,
au gazouillement des oiseaux, au murmure
des ruisseaux*, comme les prêtres tiennent à
la *dîme*, et comme certains nobles tiennent
encore *aux droits féodaux*; mais si la poésie
a *ses ultra*, elle compte aussi *ses indépendans*,
bien plus nombreux et surtout plus hardis. Ce
sont eux qui font aujourd'hui l'opinion publique:
ils vous ont renversé, entrez dans leur rangs,
ils vous tendront la main pour vous aider à vous
relever.

FIGÉ.

Que faut-il faire pour entrer dans leurs rangs?

SIMON.

Il faut écrire comme eux.

FIGÉ.

Comment écrivent-ils?

SIMON.

Vous voulez que je vous initie dans leur secret? Vous avez donc le dessein d'abandonner
votre vieille routine?

FIGÉ.

Et pourquoi pas, si je puis y gagner ?

SIMON.

Je ne désespère pas de vous : apprenez-donc qu'ils ont substitué l'amour de la patrie à l'amour de Chloé ; le bruit du canon au murmure des ruisseaux ; la voix de la liberté au gazouillement des oiseaux.

FIGÉ.

Quoi ! c'est-là tout leur secret ? *patrie, canon, liberté ;* ces trois mots sont donc magiques ?

SIMON.

Vous l'avez dit.

FIGÉ.

Mais Apollon a-t-il sanctionné ces innovations ?

SIMON.

Apollon ? Apollon, maintenant est un dieu *constitutionnel.* Il est bien forcé de suivre le torrent du siècle, et d'approuver ce qui convient à la majorité de ses adorateurs ; sans cela il serait précipité du double mont.

FIGÉ *réfléchissant.*

Patrie, canon, liberté.

SIMON.

Eh bien ! voulez-vous être des nôtres ?

FIGÉ.

J'aimerais assez *votre patrie*, mais je ne puis sentir *votre canon* et *votre liberté*.

SIMON.

Tant pis pour vous. Il n'y a cependant que ce moyen de vous relever dans l'opinion publique. Vous avez peut-être plus de talent qu'il n'en faut pour réussir ; mais vous l'employez mal. Si vous persistez dans votre systême, je vous prédis que vous tomberez avant peu au-dessous de zéro. Vous pourrez bien avoir de tems en tems quelques petits succès auprès de certaines vieilles comtesses qui croiront se reconnaître dans votre *éternelle Chloé ;* mais vous ne produirez jamais d'effet national. Vous mourrez dans un almanach, ou bien vous serez découpé par les confiseurs de la rue des Lombards.

FIGÉ.

Ah ! mon Dieü que me dites-vous là ? écoutez : transigeons. Je veux bien renoncer aux *rigueurs de ma Chloé ;* mais permettez-moi de les remplacer à ma fantaisie.... Je veux louer la bienfaisance des grands.

SIMON.

On ne vous comprendra pas.

FIGÉ.

Chanter le Roi.

SIMON.

A la bonne heure ; mais prenez bien garde pourtant. En général, quand on chante les rois, on est encore obligé de célébrer *des rigueurs.*

FIGÉ.

C'est juste.... J'ai renoncé *aux rigueurs.*

SIMON.

Suivez mes conseils, je vous ferai une réputation.

FIGÉ.

Une réputation !.... *Patrie, canon, liberté.*

SIMON.

Eh bien ! que vous en semble, ces mots sont assez doux à prononcer.

FIGÉ.

Mais que dira-t-on de moi ? je deviens un apostat.

SIMON.

On fera votre éloge dans le Journal du Commerce.

FIGÉ.

Mes vieilles comtesses sont capables de me noircir dans tous les cercles du Marais.

SIMON.

On vous blanchira dans le Mercure (1).

FIGÉ.

Serai-je de l'Académie?

SIMON.

Peut-être bien.

FIGÉ.

Allons, je me décide.... Mais je ne puis, sans être ingrat, me dispenser de faire mes adieux aux antiques objets de mon culte.

SIMON.

Gardez-vous en bien; vous vous attendririez.

FIGÉ.

Je ne puis pas décidément quitter *Chloé* sans avoir obtenu ses faveurs; on se moquerait de moi.

SIMON.

Eh bien ! brusquez cette affaire et n'en parlons plus.

---

(1) Il ne s'était pas encore métamorphosé en *Minerv*

FIGÉ.

Comme je vais être agrégé au corps des indépendans, dirigez-moi, de grâce, dans le choix
de mon morceau de réception.

SIMON.

On tient moins au genre qu'à l'esprit dans
lequel un ouvrage est conçu. Ainsi, vous pouvez exploiter depuis la chanson jusqu'au poëme
épique; cependant, si vous exigez mon avis sur
cette matière, je vous conseillerai de faire une
comédie politique.

FIGÉ.

Mais n'est-ce pas une entreprise fort scabreuse? Vous savez ce qui est arrivé *au Luthier de Lubeck.*

SIMON.

Je vous réponds par le succès de *la Manie
des grandeurs.*

FIGÉ.

Je ne voudrais pas faire mon entrée par une
chute.

SIMON.

Mon exemple peut-il vous séduire?

FIGÉ.

Il est clair que si je vous voyais lancé....

SIMON.

Eh bien ! sachez donc que j'ai fait *ma comédie politique ;* qu'elle est intitulée : *Monsieur
de l'Éteignoir,* ou *la Manie des ténèbres ;*
et que, pour peu que cela vous soit agréable,
je vous en lirai une scène.

FIGÉ.

Très-volontiers, mon cher Simon.

SIMON *tirant un manuscrit de sa poche.*

La scène se passe entre M. de l'Eteignoir,
dont le nom indique suffisamment le caractère,
et M. Lisimon, son beau-père futur, dont les
opinions sont conformes à l'esprit du siècle.

M. DE L'ETEIGNOIR.

Eh bien ! mon cher Monsieur, savez-vous la nouvelle ?

LISIMON.

Non, Monsieur.

M. DE L'ETEIGNOIR.

On prétend qu'un seigneur du canton,
Puissant par sa fortune autant que par son nom,
Daigne s'associer au destin d'une fille....
Aimable, il est vrai ; mais.... de petite famille.

LISIMON.

Et quel serait le nom de l'illustre seigneur
Qui fait à cette fille un aussi grand honneur ?

M. DE L'ETEIGNOIR.

Le sang des Eteignoir, puisqu'il faut vous répondre,
Au sang des Lisimon consent à se confondre.

LISIMON.

Oui, cet événement est partout publié.
Pardon, cent fois pardon, je l'avais oublié.

M. DE L'ETEIGNOIR *ricanant.*

C'est sans méchanceté, mon cher, que je vous raille,
Un Moncade dirait : *ce soir je m'encanaille.*
Mais moi, je me respecte, et sais ce que je dois
A l'objet séduisant dont mon cœur a fait choix.
Par ses appas, au moins, votre fille est princesse;
Et vous mériteriez des lettres de noblesse
Pour avoir su bâtir, heureux autant qu'adroit,
L'objet qui, de mon cœur, toucha le faible endroit.

LISIMON.

haut.   *à part.*
Vous m'en voyez ravi. Quel homme insupportable.

M. DE L'ETEIGNOIR.

Vous avez, m'a-t-on dit, un travers remarquable,
Et qui me gêne fort.... Vous n'êtes pas *ultrà.*

LISIMON.

Et je m'en fais honneur.

M. DE L'ETEIGNOIR.

           Ne dites pas cela.
Il faudra revenir de ces folles maximes,
Qui pendant vingt-cinq ans n'ont produit que des crimes.

Qui n'est *ultrà*, mon cher, y prit part autrefois ;
Enfin, tout modéré n'aima jamais ses rois.

LISIMON.

Ah ! si pour les aimer, il faut que je dénonce,
Je vous laisse le soin de faire ma réponse.

M. DE L'ETEIGNOIR.

Vous ne les aimez point, je m'en étais douté !
Et voilà les effets de cette liberté,
Dont on a vu briller l'aurore sur la France !....
Mais souffrez sur ce point ma vive remontrance ;
Vous serez mon beau-père, et je veux prévenir
Les malheurs que, pour vous, je vois dans l'avenir.
Apprenez qu'on prépare une entière réforme :
Tout doit être changé dans le fond, dans la forme.
L'ordonnance prendra la place d'une loi,
Et l'on ne mettra plus le peuple avant le roi.
La constitution aux pieds sera foulée.
La féodalité, si long-temps exilée,
Rentrera triomphante, et ses larges rameaux
Viendront, comme jadis, ombrager nos créneaux.
En bons gouvernemens, la France partagée,
De ses petits préfets tout-à-coup dégagée,
Refleurira bientôt sous ses gros intendans.
N'imitez pas, mon cher, ces esprits imprudens
Qui veulent nous brûler à force de lumières ;
L'obscurité plaît mieux à nos faibles paupières.
Les moines reviendront pour nous en pénétrer :
Leurs sermons, dans nos cœurs vont la faire rentrer.
Pour former des sujets d'une grande espérance,
Je voudrais que l'on pût professer l'ignorance !

LISIMON.

Quelle erreur est la vôtre ! et quels vœux formez-vous !
Les nobles d'aujourd'hui sont-ils devenus fous ?
Non, monsieur le marquis, non, vous avez beau faire,
On ne souffrira plus le pouvoir arbitraire.
Le moindre paysan connaît enfin ses droits ;
Il sait apprécier ces faux amis des rois,
Ces *dormeurs-éveillés*, dont l'esprit inhabile
Rêve que notre France est restée immobile ;
Que le tems, dans son cours, s'est arrêté pour eux ;
Que ce n'est pas trahir quand c'est pour être heureux.
Ils sont jugés ces preux, de loin soufflant l'orage,
Etrangers à nos mœurs comme à notre courage,
Et qui, nous contestant l'honneur de cent combats,
Se couvrent de lauriers qu'ils ne cueillirent pas,
Quoiqu'ils aient par deux fois, et sans prendre la fuite,
Brillé, sur des fourgons, d'une gloire *à la suite*.
Ah ! monsieur le marquis, nous sommes bien changés,
On ne nous mène plus avec des préjugés :
Il faut de bonnes lois pour le riche et le pauvre.

M. DE L'ETEIGNOIR, *après la première surprise.*

Votre père a-t-il fait la guerre de Hanovre ?

LISIMON.

Non.

M. DE L'ETEIGNOIR.

Vous ne pouvez pas raisonner avec moi ;
J'eus un aïeul tué sous les murs de Rocroi.

LISIMON.

Marquis, reçûtes-vous jamais quelque blessure ?

M. DE L'ETEIGNOIR.

Un chien de chasse un jour me fit une morsure,

LISIMON.

Etait-il enragé?

M. DE L'ETEIGNOIR.

Vous m'insultez, je crois?

LISIMON.

Vous êtes dans l'erreur..... Je sais ce que je dois
A mon gendre futur qui finement me raille,
Et qui ne me dit pas : *ce soir je m'encanaille.*
Je sais apprécier cette rare bonté
Qui met, en ma faveur, la morgue de côté,
Déguise le marquis et ne montre que l'homme.

M. DE L'ETEIGNOIR.

à part.   *haut.*

Le bourgeois est malin... Mon cher, quelle est la somme
Que votre fille apporte à la communauté?

LISIMON.

Ses grâces, ses talens, ses vertus, sa beauté..

M. DE L'ETEIGNOIR.

C'est un joli trousseau... mais la dot...

LISIMON.

Est petite...

M. DE L'ETEIGNOIR.

Si vous la comparez à son rare mérite...
Mais on sait ce qu'on sait.... Quand terminerons-nous?

LISIMON.

Marquis, cela dépend de ma fille et de vous.

M. DE L'ETEIGNOIR.

Déjà pour la charmer, j'ai fait plusieurs balades
Qui rappellent le tems des premières croisades....
Savez-vous ce que c'est, mon cher, qu'un virelet?
C'est un genre perdu ; néanmoins il me plaît.

LISIMON *à part.*

Ah ! cet homme est un fou de la plus forte espèce !

M. DE L'ETEIGNOIR.

Sans les mœurs, votre fille eût été ma maîtresse....
On enlevait jadis.... Moi, j'enlevai beaucoup.

LISIMON *à part.*

Je n'y tiens plus, morbleu, c'est trop fort pour le coup.

M. DE L'ETEIGNOIR.

Eh bien ! où courez-vous?

LISIMON.

Prévenir le notaire..

à part
Cet *ultra* là n'a pas le secret de me plaire.

Il sort.

Ici, un domestique annonça que le café était
servi. Le poëte Figé n'eut pas le tems de faire
compliment au poëte Simon.

DEUX MOTS A LORD STANHOPE.

—

QUEL est ce pair arrogant qui, des bancs d'Oxford passant à la tribune de Westminster, choisit la France comme sujet d'amplification? Ce lord superbe se taisait aux jours de notre gloire. N'élève-t-il la voix que pour insulter au malheur? A l'entendre nous avons été conquis deux fois par les armées de la coalition; elles ont un double droit à occuper la France; cette occupation, pour le bonheur de l'Europe, doit être indéfinie; c'en est fait de la famille des Bourbons si l'on retire les troupes étrangères. Peut-on accumuler plus de faussetés dans une harangue? Peut-on mettre en avant plus de craintes ridicules?

Nous étions debout et en armes, lorsque deux fois nous avons capitulé. L'histoire fera justice de nos soi-disants vainqueurs. Elle déchirera les pages mensongères que des mains contemporaines et vendues ont introduites dans son livre immortel : elle effacera certains noms; elle ternira certaines gloires; elle ne reconnaît pas les usurpations.

O noble lord, que n'étiez-vous dans la plaine de *Mont-Rouge* quelques jours avant le traité de Paris! vous eussiez pu voir d'étranges vaincus! Leurs fronts étaient-ils penchés vers la terre? Attendaient-ils en silence qu'on leur fît grâce en leur accordant la paix? Non, non, sublime lord; ils portaient la tête haute; leurs yeux brillans du souvenir de cent triomphes, semblaient appeler leurs ennemis que leur dérobait encore un horison importun. De longs frémissemens d'impatience circulaient de rang en rang; ils se fussent bientôt changés en cris de victoire; j'en atteste l'Europe incertaine et tremblante sous les murs de Paris !

Des vaincus !... Ah ! si vous eussiez dit des vainqueurs fatigués, peut-être vous eût-on passé l'expression !

Quant à la famille des Bourbons, certes, elle doit vous savoir gré de l'intérêt tout particulier que vous prenez à son sort; mais elle pense, sans doute, que vos cent cinquante mille bayonnettes se fussent en vain croisées pendant deux ans, pour la soutenir, si quelques droits plus sûrs que ceux de la force, n'eussent parlé en sa faveur.

Qu'est-ce que c'est donc que ces cent cinquante mille hommes dont on nous fait peur?

Non, il ne nous font pas peur; mais ils nous gênent, mais ils nous humilient, mais ils dévorent les subsistances des pays dont ils sont les garnisaires.

Pense-t-on sérieusement que l'humiliation soit nécessaire pour faire entrer dans nos cœurs l'amour du prince ? Pense-t-on que notre avilissement seul puisse déterminer notre soumission? Non, non, sublime lord, le jour où le prince, trahi dans ses espérances, nous ordonnerait de renvoyer sur le front d'un insolent ennemi la honte qui, depuis près de trois ans, flétrit le nôtre, serait un jour de fête où tous les cœurs réunis par l'orgueil national vengé ne reconnaîtraient plus qu'une seule patrie. Mais, noble lord, vous qui voyez avec tant d'habileté les dangers de retirer de la France les contingens européens, n'en apercevez-vous aucun à prolonger l'occupation de notre territoire? Votre esprit si ingénieux à se tourmenter, paraît, sur ce point, d'une tranquillité admirable. Cela se conçoit pourtant; le peuple Français n'est à vos yeux qu'un peuple d'Ilotes. J'essaierai toutefois de troubler votre imprudente sécurité, en vous disant, notre noble lord, que

L'injustice à la fin produit l'indépendance.

L'Europe possède nos forteresses, il est vrai;

mais si nos forteresses n'ont pu nous garantir, elles ne sauveraient pas l'Europe. Et qu'on ne s'étonne pas ici de mon assertion ; il est bien convenu maintenant que, lorsqu'on veut faire deux portions égales de cette partie du Monde, en ne la considérant que sous le point de vue militaire, on doit mettre, d'abord la France d'un côté, et puis de l'autre tout le reste de l'Europe.

Quatorze armées sur pied ont prouvé, à une époque mémorable, que nous savions remplacer l'étendue par l'énergie. Fiers d'une inégalité matérielle , les guerriers de la plus petite moitié de l'Europe ont long-tems forcé la gloire à leur servir de compensation.

La gloire !.... ne pourrions-nous donc pas la rappeler ? Elle reviendra.... Que dis-je !... elle est encore au milieu de nous.

N'avons-nous pas donné à l'univers l'exemple le plus étonnant de la plus noble résignation ? Entrant, pour ainsi dire, dans une coalition dont le but apparent était de renverser la tyrannie , nous avons contribué nous-mêmes à notre abaissement par une force d'inertie. Pour rétablir l'équilibre de l'Europe, nous avons consenti à ce qu'on réduisît nos proportions gigantesques : les géans font peur aux enfans.... Aurions-nous volontairement cessé de faire peur, si nous avions su que c'était pour faire pitié ! ! !

Mais si, au lieu de nous admirer, si, au lieu de nous tendre la main pour nous replacer au rang des nations, des ennemis, tant de fois vaincus, pouvaient oublier les conditions qu'ils nous ont eux-mêmes imposées, si l'horloge du palais de nos rois sonnait la *dernière heure* DES CINQ ANS, sans que leur étendart ait disparu du sommet de nos tours, ces Français tant calomniés, ces Français, plus grands peut-être dans le malheur que dans la prospérité, se lèveraient comme aux jours de gloire; et nos guerriers diraient aux parjures : tremblez, vous avez entendu *la dernière heure.*

O noble lord, vous qui insultez si généreusement la France, et qui lui délivrez gratuitement un brevet *d'abjection*, vous avez dû vous trouver un peu surpris des cris d'indignation qui ont accueilli votre Philippique, et des mouvemens généreux qu'elle a fait naître de toute part.

Cette nation qui, selon vous, doit disparaître de la terre, dans son sein fécond, nourrit encore des braves... des braves qui, lorsque l'orgueil national est blessé, portent toujours la main à la garde de leur épée.

On assure que les généraux Clary, Letellier, et Castel-Bajac se sont élancés les premiers pour se mesurer avec votre seigneurie : quand il s'agit de l'honneur, il n'y a qu'un parti en France.

Ah ! quel que soit le guerrier qui se charge d'une si grande querelle, son nom, déjà glorieux, deviendra impérissable !

Noble lord, vous avez accepté un combat à mort, je vous en sais bon gré, et même, si vous succombez, je vous pardonne; le trépas éteint tous les ressentimens.

C'est dans les plaines de la Belgique qu'un Français et un Anglais doivent se disputer la victoire. Sera-ce près de *Jemmapes* ou près de *Waterloo*?.... Français, cède ce dernier avantage; tu peux combattre sans crainte près des lieux où des Français ont dit : LA GARDE MEURT, ELLE NE SE REND PAS.

POURQUOI ET PARCEQUE?

POURQUOI ne voit-on pas un seul procès *d'ultrà?* et pourquoi les indépendans, seuls, figurent-ils au tribunal correctionnel? Pourquoi? Pourquoi?... De pareilles questions sont indiscrètes; et ceux qui font naître les *pourquoi* se garderont bien de dire les *parceque.*

Je me répondrai moi-même comme si j'avais pénétré le secret de messieurs les procureurs du Roi.

Parceque les ultrà sont clairs semés, encore diminuent-ils chaque jour; parcequ'ils ont presque tous l'honneur d'être grands oncles ou grands-pères, et que les indépendans, au contraire, sont dans l'âge où l'on multiplie et que l'on craint qu'ils ne deviennent, avec le tems,

. . . . Plus nombreux mille fois
Que le sable des mers, que les feuilles des bois.

JOSEPH, *tragédie en cinq actes..*

Parce qu'enfin les écrits des indépendans sont hardis avec noblesse, tandis que ceux des ultrà, platement audacieux, ne sont que des recueils d'ordures, et qu'on a découvert depuis peu en médecine *politique* que la fange était un contrepoison.

RAISON D'ALLIÉS.

L'autre jour, aux Tuileries, je m'approchai d'un groupe où la conversation paraissait fort animée : un petit homme y tenait tête à tout le monde ; sa logique était vive et serrée. Il eut plus d'une fois les rieurs de son côté. Enfin, accablé par le nombre, et trahi par ses poumons, il se retira, en disant : Oui, vous avez raison, messieurs ; dix contre un ! parbleu, *raison d'alliés !*

LE FANATISME ET LA RELIGION.

On demandait à un homme connu par ses mœurs douces et philantropiques, mais fortement *soupçonné* d'être philosophe, quels étaient ses principes en matières religieuses : Je crie, répondit-il, à bas le fanatisme, et *je laisse* crier vive la religion !

UNE VIEILLE IDÉE.

Celui qui sert les passions des grands commence par être bourreau et finit par être victime.

~~~~~~~~~~~~~~

LA RÈGLE ÉT LES EXCEPTIONS.

———

GRACE aux ministres, un principe de la grammaire vient d'être changé : ce ne sont plus *les exceptions* qui confirment *la règle ;* mais bien la RÈGLE qui confirme *les exceptions.*

═══════════════

PETIT SUPPLÉMENT
AUX JOURNAUX.

———

Le Post-Scriptum , second Numéro (1).

CE petit ouvrage, qui paraît par livraison à des époques indéterminées, se recommande aux vrais amis de la patrie par des idées éminemment nationales, presque toujours exprimées avec la plus élégante facilité. M. Aug. J. est du petit nombre des écrivains qui dérident le front de l'austère politique. Il a su lui donner des grâces et l'attrait piquant d'une malicieuse gaîté. M. Aug. J. réunit, à ces divers avantages, les trésors d'une érudition variée, mais qui n'a rien de pédantesque : le savant ne se montre jamais que sous les formes aimables de l'homme du monde.

───────────────

(1) Chez SCHERFF, Libraire, place du Louvre, N°. 12.
~~~~~~~~~~~~~~

A l'appui du jugement que je viens de porter, je vais citer un petit chapitre fort original et tout-à-fait de circonstance. Il est intitulé SILÈNE.

« Ceux qui ont lu les *Césars de l'empereur*
» *Julien* savent que le bon *Silène*, ivrogne et
» soi-disant guerrier, ne se gêne point pour
» attaquer tous les hauts faits d'*Alexandre*,
» de *César*, de *Trajan* et de *Constantin*. Il
» n'y a pas jusqu'à *Marc-Aurèle* qui n'es-
» suie sa critique, malgré la protection des
» dieux.

» Supposez qu'à l'époque de nouvelles *Sa-*
» *turnales*, un nouveau *Silène* n'ayant plus
» d'empereurs à mystifier, imagine de prendre
» pour le but de ses grossières injures, ce que
» les hommes sont convenus d'honorer, le
» *courage* et la *persévérance*, et ne voie, à
» travers les fumées du vin, que de la *boue*,
» où les autres n'admirent que de la gloire ; ce
» *Silène* là ne sera point assurément mutiné
» par de jeune bergers, et la charmante *Églé*
» ne pourra se plaire à barbouiller de mûres
» sauvages les tempes et le visage du maussade
» vieillard (1).

____

(1) « *Ægle, naïadum pulcherrima ; jamque videntî*
» *sanguineis frontem moris et tempora pingit.* »

» Guerriers généreux dont l'oreille a été
» blessée par ses blasphêmes, je les ai écoutés
» avec plus de sang-froid que vous, et je suis
» loin de vous donner *mon calme* pour modèle;
» mais, de grâce, pardonnez à l'influence de
» Bacchus et à la vanité de prétentions décré-
» pites ! Il y a des bouches qui souilleraient
» jusqu'à l'héroïsme, si elles se décidaient à en
» faire l'éloge. »

Marseille, Nîmes, et ses environs; par un
témoin oculaire.

LES troubles du Midi fourniront à l'histoire
plus d'une page sanglante. Elle dira peut-être
un jour à nos neveux quelle cause a pu produire
de si désastreux résultats; elle déchirera le voile
que des mains contemporaines n'ont osé soule-
ver qu'à moitié. Et quels que soient les artisans
de ces affreuses discordes, elle couvrira leurs
noms coupables d'une flétrissante célébrité.

En attendant ce grand jour de justice, un témoin oculaire nous a révélé quelques-unes des
scènes d'horreur qui ont répandu le deuil et la
consternation sur les plus belles provinces de la
France. Il ne nous raconte que ce dont il est
parfaitement sûr, ce dont il pourrait, au besoin,

répondre devant les tribunaux. Mais il nous laisse entendre qu'il a connaissance d'une multitude de faits qu'il ne peut publier faute de *preuves légales*. Admirons sa prudence et sa retenue : c'est sur-tout en fait de crimes qu'il faut savoir ce qu'on dit. Bien des gens n'y regardent pas de si près. Toute la France, dernièrement, vient d'en être convaincue. Mais qu'arrive-t-il ? C'est qu'aux titres honorifiques qu'on peut avoir déjà, la justice vous *permet* de joindre le titre éclatant de calomniateur.

Dans un des premiers chapitres de son livre, l'auteur, après nous avoir fait le portrait de l'infortuné maréchal Brune, nous cite ces paroles remarquables qu'il lui avait entendu prononcer. « On égare le peuple, on le trompe sur » mon compte, et les agitateurs se multiplient » chaque jour. Comment faire ? Je sais qu'en » faisant tomber la tête de quelques-uns d'entre » eux, je rétablirais tout à coup la tranquillité » publique ; mais j'aime mieux employer la douceur : *j'ai pour principe qu'il vaut mieux » ramener les têtes que de les couper ; et » qu'il vaut mieux, sur-tout, passer pour un » homme faible que pour un buveur de sang.* »

Les lignes que j'ai soulignées devraient être gravées en lettres d'airain sur la porte de l'hôtel de chaque général commandant une division militaire.

Je ne suivrai pas l'auteur dans son intéressante narration, j'épargne au lecteur une longue série d'atrocités ; mais pour lui en donner une idée suffisante, je terminerai cet article, en citant, comme *une bagatelle*, l'anecdote qui suit : « Pendant que l'on échangeait quelques
» coups de fusils dans les Cévennes, les Autri-
» chiens, accueillis à Nîmes en alliés et en auxi-
» liaires, s'unirent aux habitans pour fêter la
» saint Louis et le retour du Roi ; une céré-
» monie auguste où devait se déployer tout
» l'appareil de la religion, eut lieu sur l'espla-
» nade, en présence des troupes et du peuple
» assemblé. Dans le moment même où l'on
» chantait le *Té Deum*, deux ou trois hommes
» faits prisonniers dans les Cévennes, arrivèrent
» bien escortés à la ville, et les Nîmois eurent
» la lâcheté d'aller demander au général ce
» qu'il voulait en faire. Cet officier, plus sage
» et plus humain qu'eux, et qui crut ne pas
» pouvoir disposer de la vie des Français, leur
» répondit qu'ils devaient connaître les lois de
» leur pays, et que c'était d'après elles seules
» qu'il fallait agir. J'ignore quel tems il faut à
» peu près pour former un conseil de guerre,

» juger, entendre la défense des accusés, en
» comprenant les longueurs souvent indispen-
» sables de l'instruction, et ensuite des apprêts
» de supplice; je crois fermement que tout
» fut fait en règle et qu'aucune formalité ne fut
» négligée ; cependant je ne puis m'empêcher
» de déplorer encore la malheureuse rapidité
» avec laquelle nos lois permettent *quelquefois*
» de disposer de la vie des hommes. On ne
» perdit pas une minute. Arrrivés à Nîmes au
» commencement de la cérémonie, incarcérés,
» jugés, condamnés, le *Te Deum* finissait à
» peine qu'on les vit traîner au supplice. »

Bibliothèque historique, ou *Recueil de matériaux pour servir à l'histoire du tems.*

CET ouvrage, qui paraît par cahier de quatre à cinq feuilles, continue à intéresser vivement les amis des principes constitutionnels, en publiant une foule d'actes illégaux que se permettent certaines autorités dans la plupart des départemens. On y voit figurer des préfets, des maires et des curés.

Ce Recueil a le précieux avantage de nous faire connaître un peu ce qui se passe hors de Paris. Grâce à lui, nos yeux percent de tems en tems l'atmosphère nébuleuse qu'on a grand soin d'épaissir autour de la capitale.

Il contient, en outre, les Pétitions ou les Mémoires des citoyens qui se croient opprimés.

Pour en citer quelque passage, j'ouvre, au hasard, le cinquième cahier, et j'y trouve l'article suivant. Il est intitulé *le capitaine* VELU *et son cheval Cosaque.*

Au printems dernier, 1817, tous les officiers et sous-officiers à demi-solde ou en retraite de Villefranche, furent arrêtés *comme prévenus d'opinions suspectes.* (Ce sont les termes des ordres donnés par M. Montrichard, sous-préfet.) Seize d'entre eux sont restés vingt-sept jours en prison, et ont été rendus à la liberté sans qu'on ait pu trouver le plus léger reproche à leur faire.

Le capitaine *Velu* fut le seul qu'on retint après ce délai, parce qu'à force de recherches on parvint à découvrir un grief, dont la gravité sera appréciée par le lecteur.

Interrogé sur ses noms, prénoms et qualités, le prévenu a répondu s'appeler *Velu*, etc..... capitaine.

— N'avez-vous pas appelé votre cheval Cosaque ?

—Cela peut être, mais je n'en ai nul souvenir.

—Comment avez-vous pu donner à votre cheval *un nom cher à tous les bons Français?*

— Je l'ai acheté d'un officier russe, et je l'ai appelé Cosaque, comme je l'aurais appelé Normand, s'il eût été normand.

— *Vous avez outragé un peuple au courage duquel la France doit en partie le rétablissement de l'autorité légitime.*

Le capitaine *Velu* est resté anéanti, et n'a pu répondre à cette dernière interpellation.....

Plus n'a été interrogé.

Lecture à lui faite de ses déclarations, il a dit persister dans ses déclarations.

Le capitaine *Velu*, retenu en prison pour ce seul crime, devait être traduit à la cour prévôtale; mais l'esprit frappé de trouver des vengeurs du nom de Cosaque dans des juges français, il tomba tout à coup dans un sombre abattement, et atteint du mal des prisons, il succomba !....

Ainsi périt un brave, à qui la victoire avait refusé vingt ans un tombeau dans les champs de l'honneur !

Lettres Normandes, ou *Petit Tableau moral, politique et littéraire.*

Les rédacteurs de cet ouvrage, dont le succès est assuré, viennent de faire paraître la troisième livraison du tome second. Les Normands ont triomphé du Champenois.

Ce dernier, attaqué dès sa naissance, d'une maladie de langueur, s'est mis vainement au régime de la *Quotidienne*, pour retrouver la santé. On a lieu de croire que le printems, qui ranime toute la nature, lui portera le coup mortel.

Continuez, braves Normands, le talent reçoit un nouveau lustre du patriotisme...... Si l'on suppose cette vertu au Champenois, chacun se demandera ce qu'elle avait à illustrer.

Réflexions sur le procès de M. J. ESNEAUX, *poursuivi par le ministère public, comme auteur d'une brochure intitulée :* Réflexions sur le procès de M. A. C. SCHEFFER, *aussi poursuivi par le ministère public pour une brochure intitulée :* De l'état de la liberté en France (1).

JE suis l'auteur de cette brochure, et je ne vois pas pourquoi, après avoir parlé beaucoup des autres, je ne parlerais pas un peu de moi-même. Qu'on ne s'attende pas que j'aille me

---

(1) Chez SCHERFF, Libraire, place du Louvre, N°. 12.

déchirer ; qu'on ne craigne pas non plus que je me casse le nez avec un encensoir ; je me ferais du tort de l'une et l'autre manière, et je m'aime trop pour cela.

Que le lecteur me permette de lui citer un petit passage de mon opuscule.

« Ce sont les écrivains qui flattent le minis-
» tère qu'on devrait mettre en jugement. Les
» flatteurs de l'autorité, voilà les vrais séditieux.
» Si un trône s'écroule, c'est qu'il a été miné
» par la flatterie. Flatter, c'est conspirer. »

La Minerve française, par MM. Aignan, de l'académie française ; Benjamin-Constant ; Evariste-Dumoulin; Etienne; A. Jay; E. Jouy, de l'académie française; Lacretelle aîné, de l'académie française; Tissot, professeur de poésie latine au collége de France, etc.

CET ouvrage.... Un moment.... quel est mon dessein ? d'ajouter à la vogue dont il jouit?... C'est comme si je voulais pousser de la main une chaise de poste qu'un postillon conduit au galop.

FACTURE DES MARCHANDISES

CONTENUES DANS CE BALLOT.